SOUBAKOFF,

OU

LA RÉVOLTE DES COSAQUES

SCENES

Pantomimes équestres en trois Parties, à grand spectacle ;

Par M. FRÉDÉRIC ;

Musique arrangée par M. D'HAUSSY , Chef d'Orchestre du Cirque.

Représentées pour la première fois au Cirque Olympique, le 9 Juin 1810.

PARIS,

Chez BARBA , Libraire , Palais-Royal, derrière le Théâtre Français, N°. 51.

1810.

PERSONNAGES.   ACTEURS.

SOUBAKOFF, chef ou hettmann des
cosaque saporavi.   M. *Franconi* aîné.
EUGÈNE, comte de Blinski, offi-
cier moscovite.   M. *Franconi* jeune.
OLISKA, épouse d'Eugène.   Mad. *Franconi.*
JULES, leur fils, âgé de 6 ans.   *Adolphe Franconi.*
CRISKI, valet d'Eugène.   M. *Gougi* aîné.
MOSKI, officier des troupes du Czar. M. *Boicheresse.*
BARBARA, vieille duègne vendue à
Soubakoff   Mlle. *Tigé.*
ROSCOFF, aubergiste.   M. *Lafargue.*
PÉTRUSKI, garçon d'auberge.   M. *Marcés.*
BRUSCOFF, confident de Soubakoff. M. *St.-Martin.*
Un Factionnaire.   M. *Fercio.*
Chefs, Cosaques, Officiers et Troupes moscovites.

*La scène est dans l'Ukraine, sur les bords du Niéper
ou Boristhène, vers la fin du 16e. siècle.*

SOUBAKOFF,

OU

LA RÉVOLTE DES COSAQUES,

Scènes pantomimes équestres.

PREMIERE PARTIE.

Le théâtre représente un salon du château de Soubahoff; à droite des acteurs, une croisée; à gauche, un cabinet; sur la scène sont épars, une table couverte d'un long tapis, quelques sièges gothiques, et un chevalet portant un tableau en litige.

Oliska assise et occupée à peindre un paysage, paraît inquiète; souvent elle interrompt son travail pour écouter; elle jette des regards douloureux sur la croisée, et lève les yeux au ciel.

La vielle Barbara, qui l'observe attentivement, essaye de la distraire, et n'y peut parvenir. Elle lui fait des remontrances, qui fatiguent tellement Oliska, qu'elle est forcée de montrer son impatience à la méchante duègne. Celle-ci se retire en grondant.

Oliska, après s'être assurée qu'elle est bien seule, ôte le paysage qu'elle s'occupait à peindre, et découvre un portrait qui était dessous. Ce portrait est celui d'Eugène, de son époux, de l'homme qu'elle adore, et auquel elle s'est unie secrètement, pour ne pas s'exposer à la colère de son farouche persécuteur. Eugène est représenté sous l'uniforme moscovite, et il tient dans ses bras le petit Jules, unique fruit de leur hymen secret. Oliska contemple ces portraits. Elle témoigne son inquiétude de ce que Eugène n'a point encore paru... Leur intelligence aurait-elle été découverte!. elle frémit!. et chaque instant augmente son anxiété; elle entend du bruit, et se hâte de cacher le portrait chéri, sous le tableau qui le couvrait déjà.

La porte s'ouvre et la vieille Barbara paraît. Elle annonce à Oliska la visite de Soubakoff : Oliska tremble et Soubakoff s'offre à sa vue, suivi de deux domestiques, qui, ainsi que Barbara, demeurent à la porte, pour attendre les ordres de leur maître.

Soubakoff, après avoir adouci, autant qu'il lui est possible, l'expression de férocité qui se peint dans ses traits et dans ses manières, s'approche de la tremblante Oliska; il lui parle de son amour, lui offre sa main et sa fortune, Oliska refuse. Soubakoff insiste, il n'obtient que de nouveaux refus, alors il fait un signe, les deux domestiques sortent et rentrent bientôt, suivis de plusieurs pages qui portent dans des corbeilles et sur des coussins, de riches étoffes, un écrin de diamant, un diadême enrichi de pierres précieuses, et autres présens magnifiques, qu'on vient offrir à Oliska. Elle refuse tout. Soubakoff, irrité, fait un signe, les deux valets approchent et déroulent les deux inscriptions suivantes :

Une fête brillante est préparée pour unir Oliska à son tuteur.

Une éternelle captivité sera le prix de ses refus.

Oliska est atterée!... Soubakoff lui ordonne de faire un choix ; Oliska tremblante le supplie de lui accorder un instant de réflexion ; le chef des Cosaques hésite ; enfin il y consent et sort en lui annonçant qu'il reviendra bientôt connaître ses résolutions ; il recommande à Barbara de veiller sur elle ; tout le monde le suit.

Oliska, restée seule, s'abandonne à sa douleur ; elle découvre de nouveau le portrait d'Eugène, se jette à jenoux, et jure de lui demeurer fidelle. Le son d'une guitare la tire de l'accablement dans lequel elle est plongée. Elle se lève précipitamment, vole à la croisée, et voit que c'est son époux. Elle va prendre sous le coussin d'un fauteuil, une échelle de soie, l'attache à un barreau. Bientôt elle reçoit son fils des mains de son époux, et Eugène lui-même est dans les bras d'Oliska.

A peine Eugène est-il introduit dans le salon, que Criski paraît à la croisée ; Eugène lui recommande de prendre garde à ce qu'on ne puisse les surprendre. Criski promet et redescent.

Eugène et Oliska se livrent aux transports les plus vifs ; Jules partage leur joie, et fait à sa mère les plus tendres caresses.

Pendant qu'ils sont tout entier au plaisir de se revoir, la vieille Barbara entre doucement; elle se réjouit de tout ce qu'elle voit, et sort pour prévenir son maître.

Eugène et son épouse, ignorant l'orage qui se prépare sur leurs têtes, s'accablent de caresses et font serment de vivre à jamais l'un pour l'autre. Tout-à-coup un bruit sourd se fait entendre, ils écoutent, le même bruit recommence; c'est celui de plusieurs personnes qui marchent doucement et avec précaution. Oliska ne doute pas que ce ne soit son tuteur qui revient. Elle supplie Eugène de s'éloigner promptement; il s'y décide, l'embrasse et sort par la croisée. Déjà Soubakoff est à la porte, elle n'a plus le tems de faire éloigner son fils, elle le fait cacher sous la table, détache l'échelle de soie et la jette sous la même table. A peine a-t-elle eu le tems de faire ces dispositions, que Soubakoff, Barbara, et une troupe de Cosaques, entrent en scène.

Soubakoff est conduit par la méchante vieille, surprise en trouvant Oliska seule. Elle ouvre la croisée et n'apperçoit rien; enfin elle dit à son maître de faire faire une perquisition générale dans l'appartement; il l'ordonne, et tous les meubles sont visités. Frayeur d'Oliska. Elle s'augmente encore quand Barbara s'approche de la table et soulève le tapis qui la couvre. Heureusement Jules, devinant l'intention de la vieille, a eu le tems de se glisser derrière le chevalet, et il repasse sous la table à l'instant où Barbara va regarder derrière les tableaux. Dans sa recherche, elle apperçoit le portrait que la malheureuse Oliska n'a pas pensé de cacher, selon son habitude. Elle se réjouit de pouvoir prouver à son maître que sa pupille est coupable ; elle va doucement prendre Soubakoff par la main, et l'amène devant le chevalet : elle triomphe, mais sa joie cesse en ne trouvant plus le portrait qu'elle a apperçu il n'y a qu'un moment... Qui peut l'avoir enlevé ?... ce n'est pas Oliska, elle est à l'autre bout du salon et elle n'en a pas approché. Barbara est désolée... elle se perd dans ses conjectures : c'est Jules qui, ayant vu quelle était son intention, a glissé adroitement le tableau sous la table où lui-même est caché. Soubakoff croit que cette vieille est folle, il la gronde ; elle veut se justifier, il la repousse rudement ; elle va tomber au milieu du groupe des Cosaques, qui, pour complaire à leur chef, la repoussent aussi brutalement qu'il l'a fait.

Des fanfares se font entendre ; c'est le signal de la fête.

Soubakoff engage Oliska à s'y rendre ; elle voudrait refuser, elle craint de laisser son fils dans cette salle exposé à mille dangers : un regard sévère de son tuteur la fait trembler ; il menace, dit qu'il soupçonne que les rapports de Barbara peuvent être vrais. Jules, effrayé pour sa mère, sort à moitié de dessous la table, lui saisit une main qu'il couvre de baisers, et la conjure de ne point résister. Oliska, dans la crainte que son fils soit découvert, cède aux désirs de Soubakoff, qui lui présente la main. Barbara veut encore parler, les Cosaques la repoussent, et Soubakoff sort avec sa prisonnière, qui, jetant sur son fils des regards où se peint l'inquiétude la plus vive, semble le recommander à Dieu. Les Cosaques suivent Soubakoff, et la vieille reste seule.

Jules est impatienté de ce que la vieille Barbara ne s'en va point ; Barbara, de son côté, est indi

(8)

gnée de l'incrédulité de son maître; elle tombe
dans un fauteuil et s'y trouve mal. Dans le dessein de se procurer des secours, elle va prendre
dans le cabinet voisin un flacon de vin et une tim-
bale d'argent ; elle s'en verse copieusement, et boit
pour remettre ses sens. Elle vient reprendre son
fauteuil en menaçant qu'elle découvrira tout et
qu'elle se vengera. Jules est désespéré. Tout à-coup
une pierre lancée par la croisée, tombe aux pieds
de Jules; il regarde attentivement, on en jète une
seconde. Jules s'assure que Barbara, occupée, ne
fait aucune attention à ce qui se passe autour d'elle ;
alors il approche de la croisée , exprime sa joie
en appercevant son père; il va doucement prendre
sous la table l'échelle de soie que sa mère y a jetée,
et l'attache au barreau, le plus solidement qu'il lui
est possible , en prenant bien garde de faire quelque bruit qui avertisse Barbara de ce qu'il fait.

Eugène parait bientôt à la croisée ; Jules lui
montre la vieille, en lui recommandant le plus
profond silence. Eugène descend doucement ; il
est suivi de Criski , qui descend avec les mêmes
précautions que son maître : tous deux s'approchent de Barbara, la saisissent, et en la menaçant,
la forcent au silence. Alors , pendant que Criski
la retient avec son sabre , Eugène repasse la croisée , enlève Jules et disparaît avec lui.

Une fois son maître parti, Criski est assez inquiet de savoir comment il pourra le joindre et se
débarrasser de sa vieille antagoniste. Celle-ci, de
son côté, cherche à s'échapper. Criski conçoit subitement une idée ; il force Barbara à entrer dans
le cabinet ; alors, sans s'embarrasser des cris et des
imprécations de la vieille, il en ferme la porte ,

lui souhaite beaucoup de courage, détache l'échelle de soie, la jette à son maître, et saute par la croisée.

____

Le théâtre change et représente la place d'armes du château. Au fond, des montagnes, dont une partie est enclavée dans les domaines de Soubakoff. Le terme de ses propriétés est marqué par une grille, au travers de laquelle on apperçoit des rochers dont le sommet aride va se perdre dans les nues. Au bas de la montagne, on a élevé un mât de cocagne et un autre mât pour tirer à l'arc.

Soubakoff entre avec Oliska, et tous deux se placent sur l'estrade qui leur est préparée. Le son des trompettes et des clairons annonce l'arrivée de gens invités à la fête. Presque de suite, on apperçoit une brillante cavalcade sur la montagne au-delà de la grille. La grille est ouverte par les gens de Soubakoff, et toute la cavalcade pénètre dans le château.

Elle est composée des Cosaques au service de Soubakoff. Ensuite viennent les lutteurs, les tireurs d'arc, etc. La marche est fermée par les Cosaques à pied et à cheval et par les paysans. Soubakoff donne le signal, et les jeux commencent. Les uns grimpent au mât, les autres tirent de l'arc ; ceux-ci dansent, ceux-là forment des combats simulés ; ensuite, danseurs, combattans, lutteurs, tous se mêlent, et terminent la fête par un tableau général.

Plusieurs Cosaques amènent Criski ; il a le costume d'un vieux mendiant et porte une longue

barbe blanche. Soubakoff apprenant qu'on l'a trouvé rôdant autour du château , ordonne qu'il soit
traité comme espion. Oliska demande sa grace et
l'obtient. A ce moment, Barbara, qui est parve-
nue à sortir de sa prison , entre en scène accom-
pagnée d'un Cosaque qui porte le portrait d'Eugène. Oliska , qui pendant la fête a été plongée
dans la tristesse, frémit sur le sort de son fils. Barbara dévoile tout. La fureur de Soubakoff est à
son comble. La vengeance lui inspire une idée qui
convient à la férocité de son ame. Il fait à Barbara un signe qu'elle comprend à merveille, et ,
lorsque la malheureuse Oliska demande ce qu'est
devenu son fils, l'impitoyable vieille lui répond
qu'il est mort.

Oliska , accablée de ce coup cruel , va succom-
ber à sa douleur, lorsque Criski s'approche d'elle ,
lui dit que cette nouvelle est fausse, et lui montre
son époux et son fils qui passent sur la montagne
au-delà de la grille ; elle jète un cri de joie , et
remercie le ciel. Eugène disparaît.

Soubakoff, étonné de son action , jète des regards méfians sur tous ceux qui l'entourent. Il
soupçonne qu'on le trahit, arrache le déguisement
à Criski, et, plein de rage, il ordonne à ses agens
de le saisir.

Ou va lui obéir, lorsque plusieurs soldats moscovites, précédés d'un officier supérieur , paraissent en scène. L'officier fait voir à Soubakoff un
ordre fiché au bout d'une lance , et contenant ces
mots terribles :

De par le Czar , le chef des Cosaques , accusé
de trahison , sera conduit à Moscou.

Fureur de Soubakoff; stupéfaction de tous ceux qui l'entourent. Soubakoff, sortant de la surprise où l'a jeté cet événement inattendu, tire son sabre, prend un pistolet à sa ceinture, et jure de se défendre jusqu'à la mort.

Tous les cosaques suivent l'exemple de leur chef, et l'officier moscovite est obligé à une prompte retraite. On se met à sa poursuite. Oliska veut profiter de ce moment de trouble pour s'évader : déjà elle est près de la grille, lorsque plusieurs Cosaques qui rentrent la saisissent et la forcent à revenir sur ses pas.

Soubakoff rentre en scène ; il tient, d'une main, son sabre, et, de l'autre, un étendart sur lequel sont gravés ces mots :

Liberté des Cosaques.

Il le fiche en terre et jure de mourir pour conserver cette précieuse liberté. Tous les Cosaques élèvent leurs armes et font le même serment. On entraîne Oliska, et l'on ferme la grille. Tableau général.

Fin de la première Partie.

2e. PARTIE.

Le théâtre représente un paysage. A gauche des acteurs, une auberge, avec cette enseigne : Au Grand Cosaque.

Au lever du rideau, on voit des Cosaques qui parcourent la campagne pour se saisir d'Eugène et de son fils.

L'aubergiste, inquiet de ce qu'est devenu Eugène, envoie son garçon à la découverte ; il revient bientôt en apportant le petit Jules, et Eugène arrive au même instant. L'aubergiste est ravi de revoir ses hôtes, car c'est dans cette auberge qu'Eugène s'était logé afin d'être plus près de sa bien aimée, et Eugène jouit avec une douce satisfaction des marques d'amitié qu'il reçoit de cet homme.

On entend un bruit d'armes. L'aubergiste et son garçon, après avoir été regarder au fond du théâtre, rentrent dans l'auberge, et font rentrer avec eux Eugène et son fils : bientôt on voit paraître l'officier moscovite qui était venu arrêter Soubakoff. Il a l'épée à la main, et est poursuivi par plusieurs Cosaques qui l'entourent ; ils l'assaillent de tout côtés, et vont lui donner la mort. Le brave Criski l'accompagne, et va éprouver le même sort.

Eugène sort de l'auberge ; il fond sur ces misérables. Criski le seconde, et bientôt les assassins prennent la fuite.

L'officier moscovite se jette dans les bras de son libérateur ; il lui demande comment il pourra s'acquitter envers lui. Eugène, lui montrant son fils, lui exprime la douleur qu'il ressent de se trouver séparé de son épouse, que le barbare Soubakoff retient dans les fers. L'officier, en la personne duquel le Czar a été offensé par ce féroce Cosaque, lui promet une prompte vengeance, et, après l'avoir embrassé de nouveau, sort afin de rassembler les troupes qui lui sont nécessaires pour s'emparer du repaire de ce chef de brigands.

Eugène, charmé de revoir Criski, l'interroge, et apprend de lui la résolution de Soubakoff. Eugène conçois le dessein de se rapprocher du château. Il confie son fils à Criski et à l'aubergiste, qui jurent de le défendre au péril de leur vie, et sort pour chercher quelque moyen de revoir Oliska.

Criski et l'aubergiste font tous leurs efforts pour égayer l'enfant qui s'afflige de voir son père s'éloigner. Quelques Cosaques paraissent au fond du théâtre ; on se hâte de faire rentrer Jules.

Plusieurs Cosaques arrivent et frappent pour attirer le garçon, auxquels ils ordonnent de leur apporter de quoi boire ; le garçon obéit. Criski, inquiet de ce rassemblement, se montre à la croisée de l'auberge, et observe les actions des Cosaques. Ceux-ci, après avoir vidé quelques pots, s'occupent du motif de leur sortie du château. L'un d'eux montre aux autres le portrait d'Eugène et de Jules qu'on a trouvé dans l'appartement d'Oliska. Il tire de sa ceinture une bourse qui doit appartenir à celui qui livrera les deux fugitifs au chef des Cosaques. Toute la troupe, en vidant un pot, fait le serment de le saisisir. Criski frémit. Le garçon d'auberge qui a tout remarqué, après avoir réfléchi un instant, s'approche des Cosaques, les amène sur le devant de la scène, et, leur montrant sur le tableau la figure du petit garçon, leur indique qu'il est dans la maison. Criski se retire de la croisée. Tous les Cosaques, transportés de joie, placent deux des leurs pour garder la porte, et se précipitent dans la maison le sabre à la main.

Au moment où ils entrent, l'aubergiste sort, portant sur son épaule un petit tonneau ; Les Cosaques occupés de leur recherche, passent sans faire attention à lui.

Une fois les Cosaques entrés dans la maison, l'aubergiste dépose à terre le petit tonneau, et Jules passe sa tête au-dessus, mais l'aubergiste le force à se retirer précipitamment. En appercevant les deux Cosaques, il n'avait pas réflechi à ces Cosaques qui sont restés à porte; comment faire, maintenant, pour éloigner Jules? Pendant cette incertitude. . . . .

Eugène paraît, il va rentrer rentrer à l'auberge : il apperçoit les Cosaques, et demeure effrayé; il va s'avancer et se perdre, quand l'aubergiste et Jules s'arrêtent par leurs signes.

A ce moment, tous les Cosaques sortent de la maison avec le fidel Criski; ils l'entourent et veulent le forcer à répondre. Criski se jette à genoux pour leur demander grâce. L'aubergiste profite de l'instant où ils sont occupés avec Criski pour tirer Jules du tonneau, et le passer à Eugène, qui le cache sous son manteau et disparaît avec eux.

Aussitôt qu'ils sont partis, l'aubergiste vient trouver les Cosaques, qui continuent à maltraiter Criski; il leur dit que son garçon est un imbécille, que l'officier et son fils sont entrés dans l'auberge, mais qu'ils en sont repartis de suite. Les Cosaques, furieux du tems que leur a fait perdre le garçon, lui appliquent quelques coups de plats de sabre, et partent du côté que l'aubergiste leur indique.

Un chef, qui entre avec plusieurs d'entre eux, fait entendre à l'aubergiste qu'il faut leur fournir des vivres et les porter au château-fort. L'aubergiste refuse d'abord; un geste de Criski le décide à obéir. On rentre dans la maison et l'on apporte des sacs de provisions dont on charge les Cosaques. L'aubergiste et Criski, qui se fait passer pour son garçon, prennent, l'un un petit baril d'eau-de-vie, l'autre un panier plein de pots de bière, et l'on part.

Le théâtre change et représente une cour inté-rieure du château fort; au fond, un rempart avec trois portes grillées qui donnent sur le fleuve. En avant du rempart, une tour élevée avec une porte en bas, et une petite terrasse à la hauteur de huit ou neuf pieds. La nuit vient par degrés, et le théâtre est éclairé par la lune.

On amène Oliska. Soubakoff, après lui avoir fait de sanglans reproches, ordonne qu'elle soit enfermée dans la tour. On exécute ses ordres; Soubakoff garde la clef de la porte, et recommande à

Barbara de veiller sur la prisonnière. Barbara jure d'en répondre sur sa tête. Un son de trompette se fait entendre : Soubakoff est inquiet.

Le chef cosaque qui a paru au commencement de l'acte, entre en scène, il annonce l'arrivée des provisions Joie de Soubakoff. On voit paraître au fond l'aubergiste et Criski dans une petite barque. D'après l'ordre du chef, la grille du fond est ouverte, et l'aubergiste est introduit.

Soubakoff lui ordonne de débarquer les vivres, et de les placer dans une salle basse qu'il lui indique à droite. L'aubergiste obéit, et Soubakoff sort suivi d'une partie de ses gens.

Criski et l'aubergiste exécutent les ordres de Soubakoff. Barbara préside à leurs travaux. Lorsque tout est débarqué, l'aubergiste fait entendre à Barbara qu'il va en chercher d'autres, et il commande à Criski de l'attendre là. Barbara refuse, mais la vue du petit baril que Criski porte à son cou la décide, et elle consent à tout. L'aubergiste, transporté de joie, remonte dans la barque et s'éloigne. Barbara referme la grille, dont elle prend soigneusement la clef.

Barbara vient s'asseoir sur un banc de pierre, Criski se place auprès d'elle; il lui fait la cour, lui adresse mille complimens, que Barbara reçoit avec orgueil; il lui offre un verre de son petit baril; elle accepte et témoigne qu'elle trouve cela délicieux. Criski espère qu'il pourra bientôt s'en débarrasser.

A ce moment, on vient placer un factonnaire au pied de la tour. Nouvelle difficulté pour Criski! Il parvient cependant à faire quelques signes d'intelligence à Oliska, qui paraît un instant sur la terrasse contigüe à la tour. Criski veut essayer sur le factionnaire le moyen qui lui a si bien réussi avec la vieille : il lui présente un petit verre d'eau de vie ; mais le Cosaque, pour toute réponse, le mesure avec sa carabine ; Criski recule avec précipitation ; il lui laisse appercevoir son dépit. Cependant, il continue à verser à Barbara, qui boit de cette liqueur enivrante avec une telle avidité, qu'elle a bientôt perdu l'usage de sa raison et qu'elle s'abandonne au sommeil. Criski, sur l'épaule de qui elle s'est endormie, la dépose doucement sur le banc, et s'empare de son trousseau de clefs ; heureusement le factionnaire qui lui tourne le dos, ne s'apperçoit pas de cette action. Criski n'en est pas moins embarrassé ! Laquelle de ces clefs ouvre la tour ?.. Qui peut même répondre si elle est dans le trousseau ?.. Et comment délivrer Oliska en présence de ce maudit factionnaire ? Une clef plus grosse que les autres frappe ses yeux ! Il soupçonne que cette clef est celle de la gille qui donne sur le fleuve, il se décide à l'ouvrir et à introduire l'aubergiste, qui pourra l'aider à se défaire du soldat. Aussitôt, il dit adieu au factionnaire, feint de s'éloigner, revient ensuite, et ouvre la grille avec les plus grandes précautions. A son signal, l'aubergiste paraît, il amène sa barque un peu plus loin, hors la portée des spectateurs, et s'introduit furtivement dans le château.

On entend du bruit : ils se cachent tous deux. Bruscoff entre en scène ; il porte un panier de provisions : à son approche, le factionnaire présente le bout de sa carabine, mais Bruscoff se fait connaître à lui ; il lui annonce qu'il va donner quelques vivres à la prisonnière: ouvre la porte de la tour et y entre, en recommandant de veiller à ce que personne ne s'y introduise.

Criski voyant que la clef n'est point en sa puissance, conçoit subitement un projet: aidé de l'aubergiste, il grimpe sur la terrasse qui est contigüe à la tour; il tient un poignard qui était caché sous ses vêtemens, et disparaît par la porte du doujon.

Bientôt un gémissement se fait entendre, et annonce que Bruscoff vient de tomber sous ses coups. Le factionnaire, inquiet de ce bruit, arme sa carabine et se dispose à tirer pour donner l'alarme. Mais il est au même instant, suivi par l'aubergiste et Criski, qui sort de la tour avec Oliska. Tous deux désarment le Cosaque, l'enferment dans la tour et fuyent avec Oliska, par la grille, qu'ils ont grand soin de refermer sur eux.

A peine sont ils éloignés, que Bruskoff paraît sur la terrasse: le coup qu'il a reçu n'était point mortelle, il a pu se traîner jusquues-là. Appercevant Criski et Oliska qui traversent le fleuve dans la barque de l'aubergiste, il fait feu sur eux de ses deux pistolets.

Soubakoff entre à la tête de tous les Cosaques: il trouve Barbara qui sort enfin de son assoupissement, apperçoit Bruscoff, et, transporté de rage, ordonne de poursuivre les fugitifs. Ou se dispose à exécuter ses ordres, mais la grille se trouve fermée, et il est maintenant impossible de sortir du château. La fureur de Soubakoff ne peut s'exprimer! il veut poignarder Barbara, qui se soustrait avec peine à ses transports furieux. A ce moment, Criski et Oliska paraissent de l'autre côté du fleuve.

Tous les Cosaques les couchent en joue ; Oliska se place devant Criski, et le couvre de son corps aussitôt, Soubakoff arrête les soldats, prêts à faire feu sur elle. Tableau général.

Fin de la deuxième partie.

3e. PARTIE.

Le théâtre représente une forêt ; au milieu, un arbre chargé de fruits sauvages ; à droite, une fontaine sortant d'un rocher et entourée de roseaux.

Eugène arrive avec les marques d'une grande frayeur. Couvert de son manteau, il tient son enfant sous un bras et son épée de l'autre ; il paraît poursuivi par des ennemis nombreux ; il cherche de tous côtés un asile pour son fils et pour lui. Enfin, il apperçoit la fontaine ; il fait coucher Jules dans les roseaux qui l'entourent, jette son manteau sur lui, et se couche lui-même derrière un buisson voisin, toujours l'épée à la main et décidé à défendre son Jules jusqu'au dernier soupir.

Une troupe de Cosaques entrent doucement : ils ont le sabre à la main et la carabine en arrêt ; ils cherchent de tous côtés, visitent les taillis et les buissons ; un des chefs fait signe à l'autre qu'il a soif, celui-ci lui montre la gourde qu'il porte en sautoir, et qui est vide. Le Cosaque frappe du pied de colère ; son camarade lui montre la fontaine, et témoigne d'abord quelque répugnance ; enfin le besoin de se désaltérer l'emporte sur le dégoût que l'eau lui inspire, et il s'approche de la fontaine. Eugène frémit, il se dispose à immoler le Cosaque qui, en se mettant à genoux pour boire, ne peut manquer d'appercevoir Jules ; déjà son arme est levée, c'en est fait du Cosaque ; c'en est fait d'Eugène et de son fils !... lorsque trois sons de cor se font entendre. Ils annoncent l'arrivée de Soubakoff !... Une troupe de Cosaques le précède, les autres courent se placer sous les armes, et le chef oublie sa soif pour se mettre à la tête de ses soldats.

Soubakoff entre à cheval et suivi de plusieurs Cosaques également à cheval ; il met pied à terre et fait éclater toute sa fureur contre Oliska, son époux et son fils ; il fait promettre à ses satellites de ne prendre aucun repos que ses ennemis ne soient en son pouvoir, et les divisant en plusieurs troupes, il les fait sortir par différens côtés, et sort lui-même à la tête d'un peloton.

Eugène se lève doucement ; il s'assure qu'ils sont assez loin de lui pour ne pouvoir l'appercevoir, puis il fait sortir Jules de sa cachette et le presse dans ses bras, en remerciant le ciel d'avoir conservé ses jours. Mais bientôt une nouvelle inquiétude vient l'agiter : Jules, le pauvre Jules épuisé, de fatigue et de besoin, ne peut plus supporter la douleur qu'il éprouve ; ses joues se décolorent, il tombe dans les bras de son père, sans force et presque sans vie. Eugène est désespéré de le voir en cet état ; cependant, un orage affreux s'apprête ; Eugène prend son fils dans ses bras, sort avec lui pour chercher un abri contre la tempête.

L'orage augmente ; Soubakoff passe au grand galop, suivi de ses Cosaques, furieux de n'avoir pù atteindre ses victimes ; il n'abandonne point leurs poursuites.

L'orage ne fait que croître; les éclairs sillonnent la nue, le tonnerre roule avec fracas ; la pluie et la grêle tombant sur le feuillage avec un bruit terrible, augmentent l'horreur de cette sombre forêt. Criski paraît au fond ; il soutient la malheureuse Oliska que la frayeur et le désespoir ont jetée dans un état affreux ; arrivé sur l'avant-scène, Oliska lui témoigne toute sa reconnaissance ; Criski ne songe qu'aux moyens de la préserver des fureurs de l'ouragan ; il lui propose de la quitter un instant pour chercher un abri ; elle lui témoigne sa frayeur ; cependant, ne pouvant demeurer plus long-tems exposée à la pluie qui tombe par torrent, elle consent à ce qu'il s'éloigne, mais elle le conjure de ne pas tarder à venir la rejoindre ; il le lui promet, et sort précipitamment.

Oliska affaiblie par sa douleur et par les efforts qu'elle a faits pour s'affranchir du joug du barbare Soubakoff, cherche à s'abriter près de l'arbre ; elle s'en approche avec peine, le saisit ; l'orage paraît alors au dernier degré de violence, le tonnerre roule avec un bruit plus épouvantable encore, les éclairs qui se succèdent avec une rapidité étonnante, portent la terreur dans l'âme de la tremblante Oliska ; elle respire à peine, toutes ses facultés sont anéanties ; soudain la foudre éclate et vient briser l'arbre près duquel elle est appuyée ; l'arbre tombe avec fracas, Oliska se laisse aller sur ses genoux, en jetant un cri gémissant.

Deux Cosaques effrayés traversent le fond du théâtre en courant, plusieurs sont emportés par leurs chevaux; tous disparaissent; Oliska qui ne peut supporter tant de maux, tombe sans connaissance ; l'orage continue toujours avec la même violence; l'obscurité la plus profonde règne sur le théâtre, et les éclairs se succédant continuellement, jettent seuls quelques rayons d'une clarté rougeâtre sur cette scène d'horreur.

Eugène reparaît; son fils semble avoir repris quelques forces, mais il est toujours faible et souffrant; le plus sombre désespoir est empreint dans les traits du malheureux père; il fuit et le ciel qui semble déchaîné contre lui, et les Cosaques qui garnissent la forêt et auxquels il n'a pû échapper sans un miracle. Il voit une femme couchée sur la terre, s'approche d'elle pour lui prodiguer ses secours s'il en est tems encore ; mais quelle est sa surprise en reconnaissant sa malheureuse épouse !.. A genoux près d'elle, il cherche à la ranimer, il la couvre de ses baisers, et aidé de Jules qui s'éfforce aussi de soulager sa mère, il parvient à lui rendre le sentiment; Oliska ouvre les yeux, reconnaît son époux, son fils, et saisie de joie, elle serre contre son cœur ces objets si chers dont elle se croyait à jamais séparée.

L'orage se dissipe. Pendant que ces époux infortunés se livrent au bonheur de se revoir après tant de traverses, l'auteur de tous leurs maux paraît au fond du théâtre; n'ayant pu être maître de son cheval, il a pris le parti de l'abandonner et de regagner à pied quelques détachemens de ses gens. A la voix d'Eugène et d'Oliska, il s'arrête, se tapit derrière un buisson, et prenant le cor

qu'il porte en sautoire, il en donne un son pro-
longé, auquel on répond aussitôt. A ce bruit ré-
pété, les deux époux conçoivent quelqu'inquiétude; Eugène regarde de toutes parts, et bientôt
tirant son épée, il revient près d'Oliska et de
Jules, la terreur peinte dans les yeux.

Les Cosaques arrivent à l'ordre de leur chef,
qui, paraissant aux regards de ses victimes, ordonne de s'emparer de leurs personnes. Déjà les
Cosaques vont s'élancer sur eux. Eugène qui ne
peut résister, va tomber sous leurs coups...

Bientôt Criski, l'officier moscovite, et un dé-
tachement de troupes russes débouchent de derrière la fontaine, et fondent sur les brigands.
Ceux-ci, surpris de cette attaque imprévue, se
replient en désordre. On se met à leur poursuite :
Criski se saisit de Jules, Eugène ne quitte point
Oliska, et la mêlée devient générale. Criski reparaît, se battant contre plusieurs Cosaques ; on le
terrasse, on lui enlève l'enfant, Eugène quitte
un instant Oliska, et vole au secours de son fils.
Mais Oliska lui est ravie. Au moment où il l'a
quittée, plusieurs Cosaques se sont emparés d'elle.
Il veut courir à son épouse, tous les sabres sont
dirigés sur elle, et Eugène est forcé de s'arrêter,
pour ne point causer son trépas. Bientôt Oliska est éloigné par les Cosaques ; la victoire
reste aux Moscovites ; mais Eugène est livré
au plus violent désespoir. L'officier lui promet
de marcher de suite au château et de délivrer
Oliska. Eugène, qui connaît le caractère féroce
de Soubakoff, craint qu'il n'attente à la vie de
son épouse. Une idée subite le frappe ; il prend
son fils dans ses bras, et déclare qu'il va, sous
un déguisement, pénétrer dans le château. Il

part , et l'officier faisant défiler toutes ses troupes,
se dispose à attaquer le repaire des brigands.

Le Thédtre change et représente une salle go-
thique du château de Soubakoff. Sur le théd-
tre est une table.

Barbara est seule. Elle attend le retour de son
maître ; elle fait des vœux pour qu'Oliska soit re-
mise en son pouvoir, car elle espère alors se
venger sur elle des mauvais traitemens que Soubakoff lui a fait essuyer.

Les Cosaques arrivent ; ils ramènent Oliska.
Le chef la confie à Barbara et la troupe s'éloigne.

Barbara restée seule avec Oliska , l'accable de
reproches , et lui prédit que sa captivité sera
maintenant éternelle. Oliska souffre tout avec pa-
tience : elle prie le ciel de ne frapper qu'elle
seule , et de protéger son époux st son fils.

Soubakoff entre : il a l'air satisfait ; et s'approchant d'Oliska , il lui annonce que tout espoir
est perdu pour elle , puisque son fils vient de lui
être livré. Oliska d'abord , accablée par cette affreuse nouvelle , se persuade ensuite que c'est une
imposture de son tyran : Soubakoff irrité de la
voir incrédule , fait un signe.

Un Cosaque , à la barbe noire , au regard si-
nistre , un œil entièrement caché par un bandeau,
entre aux ordres de Soubakoff. Il tient Jules par
la main. Soubakoff se retourne vers le Cosaque ,
et lui offre une bourse. Celui-ci la refuse , et
montrant son sabre , témoigne que son seul désir
est de combattre pour la liberté des Cosaques.

Soubakoff paroit satisfait de sa résolution. Il ordonne à Barbara de se retirer ; elle obéit ; il fait lui-même quelques pas pour sortir ; le Cosaque le suit ; mais en passant devant Oliska, il lève son bandeau et dérange sa barbe. Oliska reconnaît Eugène dans ce Cosaque ; Elle veut se précipiter vers lui, Eugène l'arrête par un mouvement rapide ; Jules lui fait signe de se taire ; le tyran se retourne et ne soupçonne rien ; mais Barbara témoigne quelque défiance. Soubakoff ordonne au Cosaque de rester près d'Oliska pour la garder. Eugène accepte avec empressement. Sa joie et celle d'Oliska n'échappent point à la méchante Barbara, qui se promet de les surveiller. Elle suit son maître, qui sort en recommandant à Eugène la plus grande attention.

Eugène et Oliska se livrent aux transports les plus vifs. Barbara, qui a feint de suivre Soubakoff, revient sur ses pas ; et appercevant Eugène près de son épouse, elle le remet facilement et sort pour prévenir son maître.

Oliska est tremblante !... A combien de périls le malheureux Eugène ne s'expose-t-il pas ! Eugène la rassure. A ce moment, plusieurs Cosaques entrent en scène ; ils placent sur une colonne un grand tableau noir sur lequel sont gravés ces mots :

Oliska prépare-toi à mourir.

Douleur d'Oliska ! désespoir d'Eugène.

Soubakoff arrive ; il a un pistolet dans chaque main ; il fait signe à ses Cosaques de se retirer ; ils obéissent ; il dépose ses armes sur la table ; considère un moment Eugène et Oliska, puis , s'approchant de cette dernière, il lui demande si elle a vu le tableau ; elle répond par un geste affirmatif ; il l'interroge sur l'espoir qu'elle peut conserver encore ; elle lui montre le ciel, et le menace de sa vengeance ; Soubakoff lui annonce qu'il faut mourir, il tire son poignard ; elle présente son sein ; Eugène va se précipiter sur lui, il s'arrête ; pendant ce tems, Jules s'est approché de la table, il a saisi les pistolets de Soubakoff, et les a jetés par la croisée. Soubakoff, qui n'a retardé la mort d'Oliska que pour la rendre plus affreuse, s'approche d'Eugène, lui remet son poignard, et lui ordonne de frapper la victime. Eugène frémit d'horreur à cet ordre cruel. Soubakoff le lui répète, en le regardant avec des yeux étincelans de rage ; Eugène prend le poignard, il va s'en servir, non contre son épouse, mais contre leur barbare persécuteur. Soubakoff, qui se défiait de son dessein, recule précipitamment, et veut s'emparer des pistolets qu'il a déposé sur la table, il ne s'en trouve plus. Eugène, qui a eu le tems de tirer son sabre, veut fondre sur lui, au même instant une foule de Cosaques entre, Eugène est désarmé, terrassé, et tous les sabres sont levés sur sa tête. Oliska, qui a voulu voler à son secours, est contenue par d'autres brigands ; à ce moment le canon se fait entendre ; tous les Cosaques s'arrêtent ; on vient annoncer que le château est attaqué ; Soubakoff fait enmener Eugène et Jules ; puis prenant son sabre d'une main et l'étendart de l'autre, il sort à la tête de ses Cosaques ; on ferme la porte et Oliska reste seule incertaine sur le sort de son époux, tremblante pour son fils, et redoutant les excès auxquels Soubakoff peut se porter, soit qu'il revienne victorieux où que les Moscovites ayent l'avantage.

Une canonnade suivie et le bruit continuel de la mousquetterie annoncent que le combat est des plus opiniâtres. Oliska fait des vœux pour les Russes. Bientôt les portes s'ouvrent et Soubakoff reparaît; le désordre et la fureur qui se peignent dans ses traits, prouvent à Oliska que les Moscovites sont vainqueurs; Soubakoff porte un baril de poudre, il le dépose dans la salle; il accuse Oliska de sa perte, la saisit avec violence, l'entraîne près du baril, et prenant un de ses pistolets, il veut mettre le feu à la poudre; Eugène arrive précipitamment, plonge son épée dans le sein de Soubakoff et fuit avec Oliska; le Brigand veut en périssant entraîner ses ennemis dans sa perte; il se relève avec peine, se traîne jusqu'au près du baril; et tirant un de ses pistolets, enflamme la poudre qu'il contient; le baril saute.

Le fond du salon s'écroule, et le chef des Cosaques est enseveli sous les décombres; le fond du salon, en s'écroulant, laisse voir les remparts; tout est en feu, tout est rempli de combattans à pied et à cheval, qui se disputent encore la victoire; à gauche, près des remparts, on apperçoit une tour où Jules est enfermé, le malheureux enfant paraît prêt à périr; Oliska veut y courir lorsque la tour du fond s'écroule avec un bruit épouvantable; Eugène gravit au milieu des flammes; il parvient jusqu'à son fils, le saisit et le jette à Criski qui se trouve au bas, et saute lui-même à travers les décombres; les Cosaques sont vaincus, les époux réunis; tableau général.

FIN.